おいしい理由がつまってる

わたしの好きな
10のお菓子

若山曜子

文化出版局

はじめに

ここ数年、本や雑誌などの仕事とは別に、SNSを通じてレシピを紹介しています。
作りました！とすぐに届く反応にはいつもワクワクします。
とりわけこの一年は、オーブンからの香りに癒やされた、家族が喜んでくれた等々、
多くのうれしいメッセージをいただくようになり、この仕事をしてよかったと心の底から思います。

その一方で、基本的な質問も増えました。どうすれば、初めて作るときでも
レシピの意味をスッと理解し、失敗なくお菓子作りを楽しめるのか？
SNSでは伝えきれないポイントを丁寧に説明したい——
その想いでできたのがこの本です。

本書では、人に何か差し上げたいと思ったとき、私自身がふと食べたくなったとき、
本当によく作る10のお菓子を集めました。
味が好きなのはもちろん、並べてみれば、めんどうくさがり屋の私のチョイスは、どれも工程は少なめ。
手に入りやすい材料で作れるけれど、ちょっと工夫もある私らしいお菓子たちだと思います。

まずはレシピ通りに作ってみてほしいです。レシピには理由があるからです。
材料にも分量にも、そして工程にも。
せっかちでズボラな私のレシピは、クラシックなものに比べ、工程や材料をだいぶ減らしています。
それでも残しているのは、私にとってそのお菓子に欠かせない部分だからです。

そのポイントをできるだけ丁寧に説明しました。
それぞれの意味を理解すれば、こうしたほうが好きかも？と
自分流のアレンジをしても失敗なく作れます。
そして別のお菓子でも同じ工程が入っていれば、ずっとスムーズに作れるようになっているはずです。

そう、10のレシピは、多くのほかのお菓子作りにも共通する、大切なセオリーでもあるのです。

大好きなお菓子を自分で作ってベストなタイミングで味わう、それは至福のひとときです。
でも実は私がいちばん好きなのはそこまでの過程。お菓子作りそのものなのかもと思います。
食材が混ざり合い、生地になっていく……。色や状態の変化、焼き上がるまでの芳ばしい香り。
完成したお菓子の味や、食べる人の喜ぶ顔を想像しながら手を動かす時間。

10のレシピは、皆さんがもっとお菓子作りを楽しむための10の鍵だと私は思っています。

若山曜子

Sommaire

この本でお菓子を作るときに

10 のお菓子は、

| 作り方のこつ、4つのポイント（*Mes Astuces*）
| 作り方手順（*Recette*）
| さらに伝えたい提案や作り方の補足（*Suggestions*）

の順に説明しています。
作り方のおおまかな流れも掲載しています。参考にしてください。
お菓子によっては、応用編のお菓子も紹介しています。

いくつかのお菓子に共通して役立つ内容については、
それぞれ以下のページで説明しています。

・バターは、食塩不使用を使用しています。
・大さじ1は15mℓ、小さじ1は5mℓです。

1.
大きなカスタードプリン

卵とミルクのコクを、ほろ苦い濃いキャラメルが引き立てます。誰からも愛される、なめらかなやさしい口当たり。大きく作るときは低温でゆっくりと時間をかけて中まで加熱します。お皿に返すと、つるんとした卵色とあふれ出るつやつやのキャラメル。お菓子作りの楽しさもあふれる瞬間です。バニラビーンズの天然の風味を楽しみます。レモンやオレンジ、お茶を入れてもおいしい。そして、焼いてから必ず1日ねかせること。香りがなじみ、風味も食感も増して、驚くほどおいしくなるのです。

Mes Astuces

キャラメルのほろ苦さがほどよい、
なめらかなプリンのポイント

キャラメルの砂糖は
混ぜずに加熱する

→さわったり混ぜたりすると、砂糖が再結晶化することも

キャラメルは余熱も使って、
しょうゆ色にする

→高温になると一気に焦げるので、火を消してじっくり加熱する

耐熱ガラスや陶器の容器を使う

→火の当たりがやわらかく、すが入りにくい

湯せんの湯はぬるま湯を
プリンの生地の高さまで

→急激に熱が入るのを防ぎ、すが入りにくい

Recette

大きなカスタードプリン

| 材料 | 直径15×高さ約6cmの丸型の耐熱容器 1 個分 |

[キャラメル]
グラニュー糖　50g
水　大さじ1

[生地]
卵　2 個（約100g）
卵黄　2 個分
グラニュー糖　60g
生クリーム　50mℓ
牛乳　400mℓ
バニラビーンズ　½本

[ホイップクリーム (好みで)]
生クリーム　100〜150mℓ

下準備

・バニラビーンズは、縦半分に切り、種をしごいて、
　さやごと牛乳に入れる。

Processus　　作り方の流れ
（食べる日の前日がおすすめ）

キャラメルを作って、容器に流し入れる
↓
卵とグラニュー糖を混ぜる
↓
生クリームと牛乳を沸騰させて加える
↓
容器にこし入れる
↓
140℃のオーブンで約1時間15分
湯せん焼きする
↓
粗熱を取って24時間以上冷やす

5

6

7

8

作り方

1 プリンの容器と、ひとまわり大きくて深い耐熱容器(ここでは鍋。取っ手も耐熱のもの)を用意して、大きい容器にふきんを敷く。

2 キャラメルを作る。鍋にグラニュー糖と水を入れて、強火にかける。かき混ぜずにしばらく加熱する。縁から茶色になってきたら鍋を回して全体を均一になじませる。濃い茶色になり、煙が出てきたら火を止め、鍋を回して余熱で火を入れる。キャラメルの色は鍋底にたまっていると濃く見えるので、ときどき鍋を傾け、流れて薄く残ったキャラメルの色で判断する。容器に少量落としてみて、確認してもいい。足りなければ再度加熱する。

3 しょうゆのような濃い色になったら容器に流し入れ、手早く回して広げる。冷めると固まる。

4 湯せん用の湯を用意する。オーブンを140℃に予熱する。ボウルに卵と卵黄を入れ、泡立て器で泡立たないように卵白のコシを切ってほぐし、グラニュー糖を加えてさらによくすり混ぜる。

5 バニラを入れた牛乳と生クリームを鍋に入れて、中火にかけ、沸騰したら火を止める(牛乳と生クリームをひと煮立ちさせておくと分離しにくくなる)。4のボウルに少しずつ加えながら泡立て器で混ぜる。

6 5をざるでこしながら容器に入れる。表面に浮いた泡を消す(p.15 参照)。

7 ふきんを敷いた耐熱容器に入れて、40〜50℃の湯をプリンの生地の高さまで入れる。オーブンの下段に入れて、1時間15分を目安に湯せん焼きする。容器を揺すると生地が液状に揺れなくなり、中心に竹串を刺しても液体が上がってこなくなるまで湯せん焼きする。

8 取り出して、熱いうちに外側の容器ごとアルミフォイルでふんわり覆う。冷めたら冷蔵庫に入れ、24時間以上冷やす。容器の周囲にナイフを入れ、ぐるりと一周してすき間を作り、皿をかぶせてひっくり返し、軽く揺すって取り出す。好みで泡立てた生クリームを添える。

ほうじ茶のカスタードプリン

ほうじたお茶の香ばしさは、ほろ苦いキャラメルに
よく合います。生クリームは使わずに牛乳だけで
作り、さっぱりした後味に仕上げたプリンです。小
さいと中心まで早く火が入るので、金属製の型を
使ってもすが入りにくいのです。

材 料　直径6.2×高さ約5.5cmのプリン型6個分
（全約750mℓ）

[キャラメル]

グラニュー糖　50g

水　大さじ1

[生地]

卵　3個（約150g）

グラニュー糖　60g

A ｜ ほうじ茶の茶葉*　4〜5g
｜ 熱湯　50mℓ

牛乳　400mℓ

*ティーバッグの茶葉は細かいので、煮出すのにおすす
め。袋から出して使います。普通の茶葉を使うときは軽
く刻みます。

作り方

1 プリンの型がすべて収まる大きさの深めの
バットや耐熱容器などを用意して、ふきんを
敷く。

2 キャラメルを「大きなカスタードプリン（p.10）」
と同様にして作り、型にそれぞれ分け入れる。

3 湯せん用の湯を用意する。オーブンを140℃
に予熱する。ボウルに卵を割り入れ、泡立て
器で泡立てずに卵白のコシを切るようにほぐし、
グラニュー糖を加えてさらによく混ぜる。

4 ほうじ茶風味の牛乳を作る。Aを小鍋に入れ、
香りが出たら牛乳を加えて沸騰直前まで温め
る。茶こしでこしながら、3の卵に加えて混ぜる。

5 4をざるでこしながら型に分け入れる。表面
に浮いた泡を消す（p.15 参照）。

6 1のバットに並べ、40〜50℃の湯を2cm以上
注ぎ、オーブンの下段に入れて、約40分湯せ
ん焼きする。

7 取り出して、熱いうちにバットごとアルミフォ
イルでふんわり覆い、冷ます。冷めたら冷蔵
庫に入れて24時間以上おく。容器の周囲にナイ
フを入れ、ぐるりと一周してすき間を作り、皿をか
ぶせてひっくり返し、軽く揺すって皿に取り出す。

Suggestions
もっと伝えたいプリンのこと

プリンを盛りつける器のこと

意外にとまどうのがプリンを盛る器です。キャラメルもたっぷり流れてきますので、ひとまわり大きな縁が少し立ち上がった皿が向きます。プリンの容器の周囲にナイフを入れ、ぐるりと一周してすき間を作り、空気を入れてから、皿をかぶせてひっくり返します。適当な器がなければ、大きめのスプーンですくって取り分けても。キャラメルもたっぷりすくってください。

贈り物には前日に作って、容器ごと届けます

運ぶのがちょっとたいへんですが、容器のままラップでしっかりと包み、保冷して届けるのがおすすめです。匂い移りなどを防ぐためにも密封して冷蔵保存すれば、3日ほど楽しめます。

卵3個でも作れます

全卵2個と卵黄2個を使い、牛乳だけでなく生クリームも加えたレシピは、一番好きな配合。でも全卵3個に置き換えたり、牛乳だけにしても、かためであっさりとしたどこか懐かしいプリンになります。卵白が多めだとしっかりした食感のプリンに。卵黄が多めだとなめらかな口当たりになります。

キャラメルタブレットの作りおきがおすすめ

しっかりと濃くしたキャラメルは、器に流すとすぐに固まります。これを生かして作りおきができます。オーブンシートを広げた上に、キャラメルをぽとりと落としていきます。固まったらジッパー付きビニール袋などで密封して冷蔵か冷凍で保存。大きく固めれば割って使うこともできますが、直径3〜4cmのタブレット状にすれば、小さい型で作るプリンにも便利です。使うときは、そのまま型に入れてプリン液を流し入れます。キャラメルは濃くなるのも固まるのも早いので、作業は手早く。鍋に残ったキャラメルは、牛乳を入れて温め、キャラメルラテ風にするのがおすすめ。

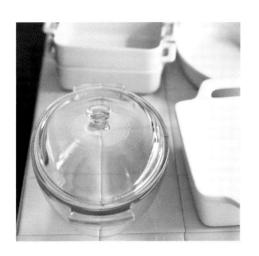

だ円や角型の
耐熱容器でも作れます

このレシピのプリンの生地の容量は約750mℓ。
この量を入れて八分目くらいになる耐熱容器
（満杯で約900mℓ）なら、グラタン皿やココット
などのだ円や角型でも作れます。大事なのはガ
ラスや陶製の器を使って火の当たりをやわらか
くすること。ひっくり返して器に出すのが難し
い形のときは、スプーンで大きくすくって取り
分けましょう。

仕上がり時間に
差が生まれる理由

低温で長くじっくり火を入れたいプリン。レシ
ピよりさらに時間がかかることがあります。考
えられるのは、まずはオーブンによる温度の差。
p.45を参照してください。湯せんの湯の温度
の違いも影響します。急な温度の上昇を防ぐ
ためにも、熱湯は避けて40〜50℃の湯を注ぎ
ますが、湯の温度が低すぎるとその分時間がか
かります。いずれにしても、時間をかければ固
まりますので、途中で少し揺らしてみて、仕上
がりを確認しましょう。

卵液の表面の泡は、
3つの方法で消せます

表面に浮く泡を消してからオーブンに入れると、
仕上がりがきれい。3つの方法があります。
❶ 湿らせたキッチンペーパーをこより状にし
て泡に当てる
❷ 食品に使えるアルコール除菌スプレー（「ドー
バー パストリーゼ77」など）を吹きかける
❸ バーナーの炎を当てる

甘みなしのホイップクリームを
添えるのが好きです

一晩おいて味がなじんだプリンに、砂糖を加え
ずに泡立てた生クリームを添えるのが私は好き
です。1パック200mℓの生クリームならプリ
ンに使った残りを泡立てるくらいの量がちょう
どよく、器に盛ってお好みで取り分けてもらっ
ています。

2.

ビクトリアケーキ

イギリスのアフタヌーンティーにスコーンとともに欠かせない、伝統的なお菓子です。本場のものは、紅茶によく合うよう少し粉っぽくて重めの生地が多いように思います。2枚のバターケーキを焼いて、赤いジャムをはさみます。私は空気を含ませた軽い生地に仕上げました。1台のケーキをスライスしてジャムやクリームをサンドすることで、よりしっとりと生地になじむようにもなります。ふわっと軽い作りたても、ジャムと生地が一体化した翌日以降のものも、どちらも好きです。バターケーキと甘酸っぱいジャム、まろやかなマスカルポーネの組み合わせはどこか懐かしいおいしさです。

Mes Astuces

ふっくらしっとりした
ビクトリアケーキのポイント

湯せんには
フライパンを使う

→鍋よりも底が広いので、ボウルが安定する

卵は湯せん後10分泡立てる
最後は必ず低速に

→空気をたくさん含ませたあと、きめを整え口当たりをよくする

バターは温めて加える

→ぬるいと生地に混ざりにくい

バターは手早く底から混ぜる

→重いバターが沈殿するのを防ぐ

Recette
ビクトリアケーキ

材料 直径15cmの丸型1台分

[生地]
卵　2個（100〜120g）
グラニュー糖　60g
薄力粉　90g
ベーキングパウダー　小さじ¼
バター　65g

ラズベリージャム＊　120〜150g
マスカルポーネ　約125g
粉糖　適量
＊ジャムは色の鮮やかな酸味の強いものがおすすめ。

下準備

・型にオーブンシートを敷く（P.44参照）。側面は
　型より少し高さが出るようにする。
・湯せん用に、フライパンに湯を沸かす。
・バターは室温にもどすか、2cm角に切って、ボウ
　ルに入れる。
・オーブンを180℃に予熱する。

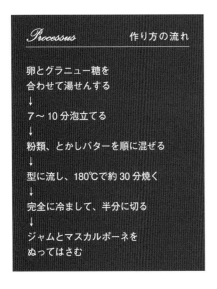

Processus　　　作り方の流れ

卵とグラニュー糖を
合わせて湯せんする
↓
7〜10分泡立てる
↓
粉類、とかしバターを順に混ぜる
↓
型に流し、180℃で約30分焼く
↓
完全に冷まして、半分に切る
↓
ジャムとマスカルポーネを
ぬってはさむ

1

2

3

4

5

6

7

8

1 卵をボウルに割り入れ、グラニュー糖を加える。湯を沸かしたフライパンにボウルを入れて湯せんにかける。ハンドミキサーで泡立てながら全体をむらなく温める。泡立てた卵に指を入れて温かくなったら、湯せんからはずす。続いてバターのボウルを湯せんにかけて、指を入れると熱めのお風呂くらいに感じるまで温めておく。

2 卵をハンドミキサーの高速で全体に大きく回しながら泡立てる。7～10分を目安にもったりとして重たくなり、ハンドミキサーの羽根にこもってゆっくりと落ちるくらいまで泡立てる。

3 低速にして1分ほど泡立て、大きな気泡をつぶしてきめを整え、ハンドミキサーの羽根をはずして手で持って泡立て、さらにきめを整える。

4 薄力粉とベーキングパウダーをふるい入れ、ゴムべらで底から切るように大きく混ぜる。

5 粉がほぼ見えなくなったら、1のとかしバターをゴムべらに当てながら入れ、切るように手早く混ぜる。バターが多く、底にたまりがちなので、ゴムべらでボウルの底から生地とバターを削り取るようにして、バターが見えなくなってつやが出るまで大きく混ぜる。かさが減るが気にせずにしっかりと混ぜる。

6 手早く型に流し入れ、トンと台に落として空気を抜き、すぐにオーブンに入れる。

7 30分を目安に焼き色がついて、中心に竹串を刺して何もつかなくなったらオーブンから出し、一度トンと台に落として空気を抜く。

8 粗熱が取れたら型から出して、完全に冷ます。横半分に切って、下側の生地にジャムをたっぷりと端までぬり、マスカルポーネをスプーンで一さじずつ置きながら埋めていき、軽く平らにならして、生地を重ねる。粉糖をふる。

Suggestions

もっと伝えたいビクトリアケーキのこと

パウンド型でも作れます

パウンド型（満杯の容量が650〜750mℓ、18 × 7 ×高さ6.5 cm 程度のもの）でも焼くことができます。型にオーブンシートを敷くこと、焼き時間の目安、ジャムとマスカルポーネのはさみ方も同様です。型については p.44 も参照してください。

オーブンの予熱は、自分のタイミングで

共立てで充分に泡立てるには時間がかかるので、はじめにオーブンを点火すると早すぎることも。作業中に自分のタイミングで予熱を始めてください。生地を型に入れたときに庫内が180℃に上がっていることが大切です。p.45 も参照してください。

ラズベリージャム以外でも、ジャムだけでも楽しめます

このお菓子には甘酸っぱいジャムが似合います。ラズベリージャムは赤い色がきれいでおすすめですが、ほかにもあんず、ルバーブ、プラムなどもよく合います。マスカルポーネなしでジャムだけでもよく、その場合は涼しい時季なら室温で保存できます。食べるときにマスカルポーネや泡立てた生クリームを添えても。

厚みをまっすぐ切るには、まず周囲に目印の切り込みを入れます

パン切り包丁を使って、まず厚みが½の位置にぐるりと切れ目を入れます。これを目印にして、ケーキを回しながらナイフを少しずつ深く入れ、中心部を最後に切ります。

冷蔵庫で保存したら、室温に戻して楽しみましょう

マスカルポーネをはさんだものや、暑い時季は、冷蔵保存がおすすめ。2～3日保存できます。このケーキのようにバターの多い生地は冷えると締まるので、30分くらい前に室温に出すと口どけがよくなります。

バターが分離していたり、ふくらみが足りないときに考えられること

バターが生地によくなじんでいないと、バターだけ底に沈んで焼けてしまうことも。バターが入ると卵の泡が消えてかさが減るため、混ぜるのを控えてしまいがちですが、卵がよく泡立っていればちゃんとふくらむので心配せずによく混ぜます。バターを温めるのも忘れずに。生地を型に流したら、すぐ焼くことも大切です。

3.
マーマレードと
ラムレーズンのケーキ

バターたっぷりの焼き菓子にオレンジの香りと苦
味を合わせるのが好き。フルーツケーキには、オ
レンジピールの代わりに手に入りやすく余りがち
なオレンジマーマレードを使っています。ラムレー
ズンに柑橘のほのかな苦みが加わって、より上質
な味わいに。砂糖の半量をコクのあるブラウン
シュガーにすると、ラム酒にぐっと寄り添います。
甘いお酒の香りで、食後酒のようにデザートにも
向くお菓子です。焼いた日はふわりとした食感、日
ごとになじんで生地が締まり、1週間くらいたった
ものも格別。ケークとはフランス語でパウンドケー
キのこと。家でおいしく作れるお菓子の代表です。

Mes Astuces

日がたつほどに味わい深くなる
フルーツケーキのポイント

レーズンは一晩以上
ラム酒に漬ける
→半カップものラム酒でもしみこませれば混ぜやすい

バターは室温にもどして泡立てる
→空気を含ませやすくなり、ふんわりした生地に

卵は室温にもどして少しずつ加える
→冷たい卵だとバターが冷えて固まり、分離の原因に

粉⇒ラムレーズン⇒粉の順に混ぜる
→粉の量が多いのでダマになるのを防ぐ

Recette

マーマレードとラムレーズンのケーク

材料　約18×7×高さ6.5cmのパウンド型1台分

[ラムレーズン]
レーズン　100g
ラム酒　70mℓ

[オレンジラム]
オレンジマーマレード*　大さじ2
ラム酒　大さじ2

バター　100g
A｜グラニュー糖　40g
　｜ブラウンシュガー　40g
卵　2個（約100g）
薄力粉　140g
ベーキングパウダー　小さじ½（約3g）
オレンジマーマレード*　40g
*マーマレードは、オレンジの皮が残っていて、量も多く
入っているビタータイプがおすすめ。

下準備

・型にオーブンシートを敷く（p.44 参照）。

Processus　作り方の流れ

1日～1週間前にラムレーズンを漬ける
↓
オレンジラムを作る
↓
バターに砂糖を加えて泡立てる
↓
生地の残りの材料を順に混ぜる
↓
型に入れて、180℃で約40分焼く
↓
熱いうちにオレンジラムをぬる

5

6

7

8

作り方

1 レーズンは湯通しして水気をきり、ラムレーズンの材料を合わせて一晩〜1週間おく(ラム酒をできるだけレーズンに吸わせたものを用意する)。

2 オレンジラム用のマーマレードを茶こしなどでこし、網に残ったものは生地用のマーマレードに加えておく。こしたマーマレードとラム酒を混ぜておく。

3 オーブンを180℃に予熱する。バターは室温にもどし(寒い時季は、発酵モードのオーブンに入れるといい)、ハンドミキサーの羽根がすっと入るくらいにやわらかくして、ボウルに入れる。

4 バターに \ を加え、ハンドミキサーの高速で、白っぽくなるまで3〜4分泡立てる。室温にもどしてといた卵を大さじ1ずつ加え、その都度ハンドミキサーで泡立てながら混ぜる。もしも分離してもろもろした場合は、分量の粉から大さじ3ほど加えてハンドミキサーの羽根でなじませるように混ぜる。

5 薄力粉とベーキングパウダーを合わせて½量をふるい入れる。ゴムべらで切るように底から大きく混ぜ、粉気が見えなくなったらラムレーズンとマーマレードを入れて、ゴムべらで切り混ぜて均一にする。粉の量が多いので、間に水分を加えて混ざりやすくする。

6 残りの粉をふるい入れ、粉気がなくなるまでゴムべらで底から大きく切り混ぜる。

7 用意した型に生地を入れ、表面をならす。オーブンに入れて、40分を目安に焼く。ふくれて割れた部分も焼けて完全に乾き、竹串を刺して何もついてこなければ焼き上がり。

8 取り出して熱いうちに型から出し、オレンジラムを上部と側面にゴムべらで置くようにしてしみ込ませる。粗熱が取れたらラップやアルミフォイルで包み、休ませる。

Suggestions

もっと伝えたいフルーツケーキのこと

丸型でも焼けます

直径15cmの丸型でも焼くことができます。型にオーブンシートを敷くこと、焼き時間の目安も同様です。型については p.44 も参照してください。生地の締まり具合がパウンド型とはまた異なり、それぞれにおいしいものです。

Colonne

微粒グラニュー糖を
おすすめします

グラニュー糖には、一般的な粒子のものと、製菓用の「細粒」「細目」「微粒」などの粒子の細かいものとがあります。粒子が細かいと溶けやすいので、バターやチーズなどの油脂に混ぜる場合には特におすすめしています。手に入らないときは、一般的なグラニュー糖でもかまいません。混ぜ足りなかったり、溶けきらないときは、表面に白い斑点ができて焼き上がることがありますが、味に影響はありません。カスタードプリンのキャラメル（p.10、p.12）、NY チーズケーキのレモンクリーム（p.30）は、加熱して溶かすので一般的なものでかまいません。

ふくらみ方に差があったら、
途中で向きを変えましょう

オーブンの庫内の位置で温度差がある場合（p.45 参照）、ふくらみ方に左右で差が出ることがあります。焼きむらもできる可能性があるので、焼き時間の半分以上が過ぎたくらいで型の向きを変えましょう。確実に真ん中にきれいに切れ目が入った焼き上がりにしたいなら、焼きはじめて表面に薄く膜が張ったくらい（焼き時間7〜8分くらい）で、ナイフで中心に一筋切れ目を入れます。オーブンの開け閉めで温度が下がるので、温度や焼き時間を調整します。

ホールで贈るのはもちろん、スライスして贈るのもしゃれています

食品用のOPP袋は、シール付きが多く、密封しやすいので便利です。防湿性もあり、乾燥も防げますので、スライスしたら1切れずつOPP袋に入れるのがおすすめです。ホールの場合もラップできっちり覆いましょう。暑い時季以外は室温で10日ほど保存できます。冷蔵した場合は、バターが多いため生地が締まるので、ホールなら2〜3時間前には室温におきたいもの。スライスなら30分ほど前でいいでしょう。きれいにスライスするにはパン切り包丁など波刃を使うといいでしょう。

ふくらみが足りないときに考えられること

バターの泡立てが足りなかったり、粉とラムレーズンを加えるときに混ぜすぎて練ってしまったりすると、生地が締まって重く焼き上がることがあります。でも、レーズンやマーマレードがなじんだ重めの生地もおいしく楽しめるのが、このお菓子です。締まった生地を、薄くスライスして少しずつ味わうのもいいものです。どっしりした味わいがお好みなら、ベーキングパウダーは入れなくてもいいでしょう。

使うラム酒によって、味わいが変わります

ラム酒は種類が多く味や香りに幅があります。なかでもダークラムは風味が強くお菓子作りによく使われます。「マイヤーズ オリジナルダーク」が一般的で使いやすくおすすめ。マルティニーク島のラム酒なども軽やかなので気に入っています。お好きなものをお使いください。

4.
レモンとバニラの
NYチーズケーキ

ニューヨークスタイルは、加える粉が少なくて意外
におなかにたまらず、デザートにも好評です。ク
リームチーズの割合が多く、チーズの味わいのお
かげで少々の失敗はカバーされてしまうため、初
めてのお菓子作りにもおすすめ。これはレモンと卵
黄を生地とは別にして上に流す、おすましバー
ジョン。黄と白、酸味とコクの対比が楽しめます。
底生地はビスケットを置くだけの手間いらず、バ
ターいらず。でも仕上がりのすき間も気にならなく
て、最近のヒット作です。

Mes Astuces

しっとりクリーミーな
チーズケーキのポイント

クリームチーズを
やわらかくしてスタート

→これさえ守れば仕上がりにダマができることはない

湯せん焼きする

→加熱をゆるやかにすると、ふくらみすぎず、亀裂を防ぐ

レモンクリームは
3〜4分だけ焼いて固める

→香り、美しい色、なめらかさを保つ

蒸らしながら冷ます

→表面がつややかに。食感もしっとりクリーミーに

Recette

レモンとバニラのNYチーズケーキ

材料　直径15cmの丸型1台分

[生地]

クリームチーズ　200g
グラニュー糖　60g
バニラビーンズ（あれば）　さや¼本分
サワークリーム　90g（約90mℓ）
生クリーム　100mℓ
卵　1個（約50g）
卵白　1個分（約30g）
コーンスターチ　10g

[レモンクリーム]

A｜　レモンのしぼり汁　大さじ2
　　　レモンの皮のすりおろし　½個分
　　　グラニュー糖　大さじ2
　　　コーンスターチ　小さじ½
　　　バター　20g
卵黄　1個分（約20g）

厚手の全粒粉ビスケット＊　3〜4枚
＊「マクビティ ダイジェスティブビスケット」など。

下準備

・型が入る大きさの耐熱性のバットや天板を用意
　して、ふきんかキッチンペーパーを敷く。
・湯せん用の湯を沸かす。
・オーブンを160℃に予熱する。

Processus　　　作り方の流れ

型にビスケットを置く（なくてもいい）
↓
クリームチーズをやわらかくする
↓
生地のほかの材料を順に混ぜる
↓
型に流して、160℃で35〜40分
湯せん焼きする
↓
レモンクリームを作り、流し入れて焼く
↓
粗熱を取って、24時間以上冷やす

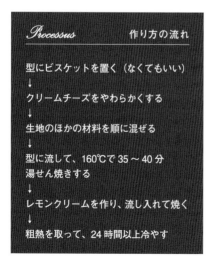

1

2

3

4

5

6

7

8

作り方

1 底が抜ける型の場合は、底から側面をアルミフォイルで覆ってしっかりと包む。こうすることで湯せんの湯が入ったり、生地がもれたりするのを防ぐ(底が抜けない型は、中にオーブンシートを敷く。p.34参照)。底にビスケットを置く。まず割らずにそのまま並べ、半分くらいにしたものをすき間に置く(小さく割ると生地を流したときに浮いてしまうことがある)。

2 クリームチーズを電子レンジ加熱可能なボウルに入れて、ラップをかけ、電子レンジ(600w)で40秒ほど加熱して、泡立て器がすっと入るくらいのやわらかさにする。

3 グラニュー糖に包丁でさやを開いてしごき出したバニラビーンズを加えて、2に入れ、泡立て器ですり混ぜてから、サワークリームを加えて混ぜる。

4 生クリーム、卵、卵白を入れて、泡立て器でよく混ぜる。全体が均一になってとろみがついたら、コーンスターチを加えて、むらなく混ぜる。

5 ビスケットを敷いた型に流し入れて、用意したバットにのせ、熱湯を2cmほど張って、オーブンの下段に入れる。35〜40分にセットする。

6 30分ほど焼いたら、レモンクリームを作りはじめる。Aを電子レンジ加熱可能なボウルに入れ、泡立て器で混ぜ合わせて、ラップをかけ、電子レンジ(600w)で1分ほど加熱する(または小鍋に入れて火にかける)。熱いうちに卵黄を加えて、よく混ぜる。

7 チーズケーキが少しふくらんだら卵に火が通っているので、一度オーブンから取り出して、6のレモンクリームをざるでこしながら流し入れる。型ごと傾けながら平らにならし、オーブンに戻して3〜4分、レモンクリームが固まるまで焼く。

8 オーブンを消してそのままおくか、取り出して熱いうちにバットごとアルミフォイルで覆って蒸らす。冷めたら冷蔵庫で1日冷やす。

コーヒーと黒糖のNYチーズケーキ

コーヒー豆を砕いて生クリームに香りを移し、白い
チーズケーキのままコーヒー風味に仕上げました。
黒糖はチャンクを散らしているので、コクのある甘
みがときどき現れて、アクセントになります。

材料　直径15cmの丸型1台分

[生地]

クリームチーズ　200g

グラニュー糖　60g

サワークリーム　90g（約90mℓ）

A | 生クリーム　100mℓ
　 | コーヒー豆　小さじ1

卵　2個（約100g）

バター　20g

コーンスターチ　15g

黒糖（塊）　30g

厚手の全粒粉ビスケット＊　3〜4枚

＊「マクビティ ダイジェスティブビスケット」など。

下準備

・黒糖は包丁で粗く刻む。

・バットか天板に湯せん焼きの準備をし、湯をわ
　かす（p.30参照）。

・型の準備をする（p.31作り方1参照）。

作り方

1 生クリームにコーヒーの風味をつける。コー
ヒー豆を粗く砕き、生クリームとともに鍋に
入れて沸騰直前まで火にかける。そのまま完全に
冷めるまでおき、こす。

2 バターを湯せんしてとかす。オーブンを160℃
に予熱する。電子レンジ（600w）に40秒ほ
どかけてやわらかくしたクリームチーズにグラ
ニュー糖、サワークリーム、1、卵、とかしバターを
順に加え、その都度泡立て器でよく混ぜる。コー
ンスターチを加えてむらなく混ぜる。

3 2の生地を型に⅓ほど流したら、黒糖を散ら
して入れ、残りの生地を流して、オーブンの
下段で湯せん焼きする。

4 30分を目安に焼き、生地が少しふくらんでと
ころどころに焼き色がつきはじめたら、オー
ブンを消してそのままおくか、取り出して熱いう
ちにバットごとアルミフォイルで覆う。冷めたら
冷蔵庫で1日冷やす。

Suggestions
もっと伝えたい NY チーズケーキのこと

パウンド型でも作れます

パウンド型(満杯の容量が650〜750mℓ、18×7×高さ6.5cm程度のもの)でも焼くことができます。ただし、底が抜ける丸型と同様アルミフォイルで外側から包み、焼成中に生地があふれないようにオーブンシートを高さが4〜5cmはみ出るように敷き込みます。焼き時間は全部で40〜50分が目安。焼き時間が長いのと高さが出る分、20分ほど焼いたら上面をアルミフォイルで覆って焦げ色を防ぎ、焼き上がり3〜4分前にレモンクリームを流し、焼き上げます。型については p.44 も参照してください。

Colonne
丸いケーキをホールで贈るときのアイデア

そのまま収まるケーキボックスがあれば安定しますが、丸いカッティングボードごと届けるのもアイデアの一つです。

底が抜けない型には敷紙を。ケーキを取り出すためです

型から両端が出るくらいの長さで、幅も広めに切ったオーブンシート2枚を、十文字に重ねて型に敷きます。やわらかいチーズケーキを、紙を持ち上げてそっと型から出します。生地が型につかないようにするためではないので、こびりつき防止加工をした型を使うときでも、底が抜けない型には必ず紙を敷きます。

Colonne
バニラシュガーのすすめ

バニラビーンズを使った後のさやとグラニュー糖を一緒に保存するだけで、グラニュー糖に香りが移ります。グラニュー糖を足して使いながら、さやの香りが薄くなってしまったら、最後はさやごとフードプロセッサーにかけます。こうして大切に使いきります。

一つのボウルで作れます。
電子レンジで
加熱可能なものだと便利

次々に材料を加えて混ぜるだけで生地が完成するのもうれしいレシピ。はじめにクリームチーズを入れるボウルが小さすぎると、材料を加えるうちに混ぜづらくなります。特に生クリームを入れた後は、泡立て器でしっかりと混ぜやすい大きさのボウルを使いましょう。直径22cm前後が便利。またクリームチーズは電子レンジでやわらかくしたいので、ガラスや陶製のボウルが便利ですが、なければクリームチーズをラップに包んで加熱します。

厚手のビスケットなら置くだけ

グラハムビスケットをビニール袋に入れて細かく砕き、とかしバターをまぶして底にきっちりと敷き詰めるのが一般的。でも、厚手のビスケットを使うとその手間が省けることに気づきました。薄いものや細かくしすぎると浮いてくることがあるので注意。少し切り分けにくくなりますが、ビスケットなしでも大丈夫。

贈り物には前日に作ります

1日おいたほうがおいしいので贈り物にもおすすめです。サイズの合う丈夫な箱がないときは、容器のままラップで覆って包むと安心。移動中も保冷を。冷蔵保存で4日ほど楽しめます。

きれいに型から
出すコツがあります

湯に浸して絞ったふきんを型の周囲に当てて、周囲だけ溶けかけた頃合いで型から出します。底が抜ける型なら、型の底よりふたまわりほど小さくて安定した缶やコップなどの上にのせ、側面を下に落とすようにして抜きます。温めたナイフの腹で側面を整えるときれいになります。

5.

粉なしチョコレート
ムースケーキ

チョコレートが口の中でとけていくあの味わいを
イメージして、焼いた生地とムースの二層に仕上
げたケーキです。二層といっても生地は一つ。粉
を加えていない生地は、そのままムースとして楽し
めるので、半分を焼き、残りを焼いた生地にのせ
て冷やし固めるだけ。配合がシンプルなので濃厚
なチョコレートの味をストレートに楽しめるとこ
ろが気に入っています。今回は、フランスでは定
番の組み合わせ、洋梨を入れて少し軽やかに。ラ
ズベリー、金柑、チェリーなどでアレンジも楽しん
でほしいお菓子です。

Mes Astuces

口どけのいい
チョコレートケーキのポイント

卵白が泡立ってから
砂糖を少しずつ加える

→きめの細かいメレンゲが早く作れる

メレンゲは2回に分けて混ぜる

→1回目でなじませると、2回目は気泡がつぶれにくく混ぜやすい

クーベルチュールチョコレートを使う

→製菓用なので扱いやすい。味わいも濃厚

焼きすぎない

→チョコレートらしいなめらかな口どけに仕上げるため

Recette

粉なしチョコレートムースケーキ

材料　直径15cmの丸型 1 台分

製菓用チョコレート
　（カカオ分60%以上のもの*）　150g
バター　70g
*ヴァローナ社の「グアナラ」を使用。

[メレンゲ]
卵白　3個分（約90g）
　グラニュー糖　60g

卵黄　3個分（約60g）
洋梨の缶詰（正味）　120g
　（または、洋梨1〜1½個）
洋梨のブランデー（またはブランデー、ラム酒）
　大さじ1

下準備

・型にオーブンシートを敷く。
・チョコレートは細かく刻む。
・バターは室温にもどすか、2cm角くらいに切る。
・洋梨は大きめの一口大（生の場合は2〜3cm角）
　に切り、ブランデーをふりかけておく。
・オーブンを180℃に予熱する。

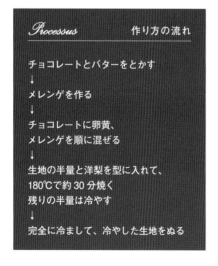

Processus　　作り方の流れ

チョコレートとバターをとかす
↓
メレンゲを作る
↓
チョコレートに卵黄、
メレンゲを順に混ぜる
↓
生地の半量と洋梨を型に入れて、
180℃で約30分焼く
残りの半量は冷やす
↓
完全に冷まして、冷やした生地をぬる

5

6

7

8

作り方

1　大きめのボウルにチョコレートとバターを入れて、湯せんでとかす。フライパンに湯を沸かして湯せんすると安定する。とけたら湯せんからはずす(寒い時季は湯せんのまま置いておく)。

2　メレンゲを作る。卵白をボウルに入れて、ハンドミキサーの高速で泡立てはじめ、白くふんわりとするくらいまで泡立てる。

3　グラニュー糖を3〜4回に分けて加え、その都度高速で泡立て続け、角がぴんと立ってしっかりとしたつやのあるメレンゲを作る。ぼそぼそとしていたら、ハンドミキサーの羽根をはずして手で持って軽く混ぜる。

4　1のチョコレートのボウルに卵黄を加え、泡立て器でよく混ぜ合わせる。

5　メレンゲの1/3量を4のボウルに入れて、泡立て器で全体がなじむようにしっかりと混ぜる。4をメレンゲの状態に近づけておくと、残りのメレンゲの泡がつぶれにくくなる。

6　残りのメレンゲを加え、泡立て器で軽く混ぜる。卵白がまだ見えるくらいでゴムべらに替え、最後は底から大きく生地をすくうようにして、卵白のかたまりが残らないように混ぜる。

7　型に生地の半量を入れて表面をならし、準備した洋梨を並べ入れ、すぐにオーブンに入れて、25〜30分を目安に焼く。残りの生地は冷蔵庫に入れておく。

8　表面が乾いたら(竹串を刺してもとけたチョコレートがついてくる)、取り出して粗熱を取る。完全に冷めたら、型から出す。残りの生地を冷蔵庫から出して、かたければ室温にもどし、焼いたケーキの上にぬる。パレットナイフやスプーンを湯で温めるとぬりやすい。筋をつけるようにして表面を飾る。再び冷蔵庫で冷やす。

小さな焼きチョコレート

高温で短時間で焼き、中がとろりとしたあつあつを楽しみます。冷やすと生地が締まって、また別のおいしさに。生地を型に入れて冷凍しておけば、食べたいときに数分焼くだけ。手軽なデザートとして、どうぞ。

材料　直径約6cmのココット8〜9個分

製菓用チョコレート
　（カカオ分60％以上のもの）　150g
バター　70g

[メレンゲ]
卵白　3個分（約90g）
グラニュー糖　60g

卵黄　3個分（約60g）

[ラズベリーソース（好みで）]
ラズベリー（冷凍でもいい）　100g
グラニュー糖　大さじ2
レモンのしぼり汁（あれば）　少々

アイスクリーム　適量

下準備

・チョコレートが塊の場合は粗く刻む。
・バターは室温にもどすか、2cm角に切る。
・オーブンを200℃に予熱する。

作り方

1 ラズベリーソースを作る。ラズベリーとグラニュー糖を合わせ、ラップをせずに、電子レンジで1分ほど加熱して、こし、冷やしておく。レモンのしぼり汁を加えると、色鮮やかになる。

2 チョコレートとバターを湯せんでとかす。

3 卵白を泡立てて、ふんわりしたらグラニュー糖を加えて、ぴんと角が立ったしっかりしたメレンゲを作る。

4 2に卵黄を加えて、泡立て器でよく混ぜる。メレンゲの$\frac{1}{3}$量を加えてよく混ぜてから、残りのメレンゲを加え、さっくり混ぜる。ゴムべらに替えて、底から大きく生地をすくうようにして混ぜる。

5 耐熱容器に九分目まで入れて、オーブンで5分を目安に焼く。ふくらんで、表面がかさっと乾きはじめたら取り出す。

6 焼きたてに、好みでラズベリーソースやアイスクリームを添える。

＊生地を耐熱容器に入れて冷凍保存できます。冷凍のまま200℃のオーブンで7〜8分を目安に焼きます。
＊天板の使い方は、p.71を参照してください。

Suggestions

もっと伝えたい粉なしチョコレートムースケーキのこと

洋梨以外のフルーツでも。プレーンもおすすめです

洋梨以外にもチョコレートに合って水分が出すぎない、バナナ（ラム酒をふってもいい）、ラズベリー、あんず缶、栗の渋皮煮、金柑の甘煮、グリオットやダークチェリーの洋酒漬け、マーマレードなどもおいしいです。チョコレート好きには、何も入れずに焼いて、仕上げにココアパウダーをふっても。チョコレートは、ヴァローナ社の「グアナラ」のほかに「マンジャリ」もおすすめ。お好みのチョコレートを使ってください。ただしビター（カカオ分60〜70%）がおすすめです。

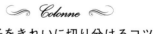

お菓子をきれいに切り分けるコツ

ナイフを温めながら切ります。刃が浸かるくらいのピッチャーや攪拌用などの容器に湯を入れて、一切れスライスするたびにすすぎ洗いを兼ねて温めます。

パウンド型でも焼けます

パウンド型(満杯の容量が650〜750mℓ、18×7×高さ6.5cm程度のもの)でも焼くことができます。型にオーブンシートを敷くこと、焼き時間の目安も同様です。焼き上がりは型のまま冷まし、残り半量の生地を型の中で上にのせて表面をならし、冷蔵庫で2時間ほど冷やし固めてから型から出します。型については p.44 も参照してください。

見た目はムースで修正できます

粉を入れていないので、ある程度は焼き縮みします。メレンゲの混ぜ方にむらがあったり、焼きすぎたりすると焼き縮みが大きくなることがあります。側面が引っ込んだところがあれば、ムースをぬって整えましょう。

型に敷く紙は型からはみ出すように高さを出します

底が抜けない型から出すときには紙を持ってそのままそっと引き上げます。ひっくり返して出すことができないので(特にパウンド型は、型の中でムースを冷やし固めるので)、敷き紙がはみ出している必要があります。こびりつき防止加工をした型でも敷き紙が必要です。紙の敷き方は p.44 も参照してください。

早めに食べきりましょう

ムースがとけないように、保存は冷蔵庫で。ムースは火を通していないので(卵が生のままなので)、翌日までに食べましょう。

丸型とパウンド型、ボウルと粉ふるい、
小麦粉、オーブンについて ❧

この本で使用している丸型とパウンド型

丸型	パウンド型

丸型は、直径15cm。満杯の容量が1,060mℓ（八分目で約850mℓ）。底が抜ける型と抜けない型があり、「NYチーズケーキ（p.30、p.33）」では、それぞれ準備が異なります。

パウンド型は、18×7×高さ6.5cm。満杯の容量が650〜750mℓ なら、寸法が異なる型でも大丈夫です。ただし、650〜700mℓ の小さめの型は、敷き紙の高さを出して調整します。

紙の敷き方

丸型	パウンド型

丸型は、オーブンシートをまず底の円に合わせて正方形に切ります。4つに折りたたみ、さらに半分にたたむことを3回くり返して、外側を切り落とし、半径の長さにします。広げて底に敷きます。側面の紙は、高さが型から少し出るような幅に切ります。長さが1周分に足りなければ2枚を重ねて側面に当てます。

パウンド型は、幅30cmのオーブンシートが便利。型の長辺に沿わせて両側面と底をくるんだ長さに切ります。次に型に当てて目安の折り目をつけます。紙を型に入れるため、目安よりも内側に折ります。上下2辺ずつに深めに切れ目を入れて、敷き込みます。紙は外寸に合っているので、内側に入れると型より少しはみ出します。

そろえたいボウルや
粉ふるいについて

ボウルは大小いくつかあると、作業がスムーズです。材料が最終的に全部入るボウルは、生地を大きく混ぜるためにも直径22cm前後がおすすめです。そのほかにも計量した材料を入れたり、あらかじめ混ぜ合わせておく材料用に小さめのボウルも便利。電子レンジでとかしたり、やわらかくしたりすると作業が早くなることも多いので、電子レンジ加熱可能なガラスのボウルも便利です。粉ふるいは、私はボウルの上でふるいながら入れるので、ボウルにすっぽりと収まるサイズのざるを使っています。100円ショップで購入できるもので充分だと思います。

小麦粉の種類について

製菓用小麦粉としてさまざまな種類の商品が販売されています。それぞれ成分や粒子の大きさが異なり、仕上がりや生地にしたときの粘度などに違いが出ます。この本で使っている粉は以下のとおりです。
・薄力粉 ＝「エクリチュール」「ドルチェ」
・強力粉、または準強力粉 ＝「カメリヤ」「リスドオル」
薄力粉として「エクリチュール（成分上は中力粉）」を使うと、食感や味わいの違いが出やすいのは以下の3種。「型なしタルト（p.58、p.62）」「フロランタン（p.66、p.70）」「レモンクリームスコーン（p.76）」。

＊製菓用薄力粉としてより一般的な「バイオレット」や「フラワー」を使う場合は、加える水分量を控えめにして様子を見ながら足してください。

オーブンの表示温度や
焼き時間について

オーブンは機種により、焼け具合に違いがあります。予熱終了の時点で庫内が設定温度に達していないことも。「マドレーヌ」、「フィナンシェ」、「スコーン」は、高温で短時間で焼き、外側はさっくり、中は水分を残してふっくらと焼き上げたいお菓子です。目安の時間よりも長くかかるなら、次回から予熱温度を上げたり、予熱の時間を長くしてみましょう。逆に火力が強いオーブンは、火が入るまでに上部が焦げたり、「カスタードプリン」ならすが入ったりするので、設定温度を下げたり、途中でアルミフォイルで覆ったりする工夫が必要です。庫内温度計を使うのもおすすめです。表示温度との差がわかるだけでなく、庫内の場所による温度差があるかどうかもわかります。特に初めて作るお菓子はオーブンに入れっぱなしにせず、20分ほど焼いたら必ず確認してください。焼け具合やふくらみ方に左右や奥と手前で差があるときは、途中で向きを入れ替えて調節します。オーブンのドアを開けると急激に温度が下がるので、開閉はす早く。焼き時間はやや長くなります。

6.

マドレーヌ
はちみつ／ラズベリー

明日だれか来るというときは、マドレーヌの生地を
作ります。翌日お茶をいれながら、型に入れてオー
ブンへ。焼き時間10分ちょっとで、焼きたてを食
べてもらえます。外側はさっくり、中はほわりとバ
ターが香るやわらかい生地に、驚きの声が上がる
ことも。パリのビストロでも、ギャルソンが焼き型
ごと運んでくるマドレーヌが流行したくらいです。
貝殻型は愛らしいだけでなく、薄いところがさっく
り焼けて、型には意味があると納得します。はちみ
つマドレーヌは、焼きたての生地に注入するほん
の少量のはちみつが、ラズベリーは、生地の中で
溶け出した甘酸っぱさが、それぞれアクセントです。

Mes Astuces

ぷくっとふくれて、外はさっくり
中はふんわりとしたマドレーヌのポイント

バターは湯せんでとかす

→焦げたり、飛び散ったりせず、量が減らない

生地はつやが出るまで
しっかり混ぜる

→きめの細かい生地になる

よく冷やしてから生地を焼く

→温度差で中心にぷっくり"おへそ"ができる

生地を作りおきしてみる

→食べたいときにすぐに焼きたてが食べられる

Recette
マドレーヌ（はちみつ／ラズベリー）

材料　約7.5×5cmのマドレーヌ型8個分

バター　65g
A｜牛乳　小さじ2
　｜はちみつ　小さじ1
卵　1個（約50g）
グラニュー糖　40g
レモンの皮のすりおろし（あれば）　少々
薄力粉　70g
ベーキングパウダー　小さじ1

[はちみつマドレーヌ用／4個分]
はちみつ　大さじ1弱

[ラズベリーマドレーヌ用／4個分]
ラズベリー（冷凍でもいい）　4個

[型用]
バター　15〜20g
薄力粉　適量

＊8個のうち4個をはちみつマドレーヌ、4個をラズベリーマドレーヌにして、一度に2種類作るレシピです。どちらか1種でも、何も入れないプレーンでも、お好みで。

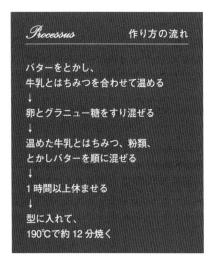

Processus　作り方の流れ

バターをとかし、
牛乳とはちみつを合わせて温める
↓
卵とグラニュー糖をすり混ぜる
↓
温めた牛乳とはちみつ、粉類、
とかしバターを順に混ぜる
↓
1時間以上休ませる
↓
型に入れて、
190℃で約12分焼く

1
2
3
4

5

6

7

8

作り方

1 フライパンに湯を沸かし、バターを湯せんしてとかす。バターがとけたらAを合わせたボウルも湯せんしてはちみつをとかす。バターは湯せんに戻して温めておく。

2 ボウルに卵を割り入れて、グラニュー糖を入れ、泡立て器でよくすり混ぜる。温めたA、レモンの皮も加えて混ぜる。

3 粉類を合わせてふるい入れ、泡立て器で粉気が見えなくなるまで混ぜる。

4 温かいとかしバターを加えて、底から混ぜ、全体がなじんでつやが出るまで混ぜる。

5 冷蔵庫に入れて、1時間以上休ませる。

6 焼く前に型の準備をする。バターを室温にもどし、充分にやわらかくして型に直接ぬる。粉を茶こしを通してふり、余分な粉をはたき落とす。オーブンを190℃に予熱する。

7 生地をスプーンですくって型に分け入れる。型の真ん中に置いて軽く広げる程度でいい。

8 4個ははちみつマドレーヌ用にそのまま、残り4個はラズベリーマドレーヌ用に、ラズベリー（冷凍のままでいい）を生地に埋めるようにして置く。オーブンに入れて、12分を目安に焼く。真ん中がふくれて、縁にこんがりとした焼き色がつき、中央に竹串を刺して生地がついてこなければ焼き上がり。取り出して型から出し、網にとって粗熱を取る。はちみつマドレーヌ用は、オーブンシートを巻いて絞り袋にしたもの(p.51 参照)で、温かいうちに生地の中心にはちみつを絞り入れる。

Suggestions

もっと伝えたいマドレーヌのこと

プレーンなマドレーヌも、もちろんおすすめです

中に入れるものはお好みで工夫できます。ラズベリーとビターチョコレートを合わせて入れたり、生地にオレンジの皮やリキュール、スパイスを入れるのもおすすめ。何も入れないプレーンでもおいしい配合です。

ジッパー付き保存袋で生地を休ませるのも便利です

ジッパー付き保存袋に生地を入れておけば、型に入れるときは袋の角を切って、絞り入れることができます。冷蔵庫で休ませるとバターが冷えて固まるので、生地もかたくなりますが、手の温かさで扱いやすいやわらかさになります。やぶれにくくて、密封しやすく、かさばらないのも利点です。

高温で、短時間で焼くから中はふんわり仕上がります

小さなお菓子は、長時間焼くとぱさつく原因になります。生地の水分を保つために、焼き時間が長くならないよう温度を上げて調整してください。オーブンの表示温度や庫内の場所による温度差については、P.45も参照してください。

懐かしい形の
丸いマドレーヌも焼けます

使い切りタイプのアルミや耐熱紙のマドレーヌ型を利用して焼くこともできます。ぎざぎざがあるために周囲はさっくりと焼けます。型にバターをぬらないので風味は少し変わりますが、その分手軽。生地が厚めになるとふんわりとした部分が多くなって、日本の洋菓子の懐かしい味わいに。焼き時間は数分長くなります。

はちみつは、
純粋なものを使いましょう

生地をしっとりさせ、焼き色をつける効果もある材料です。はちみつ以外の成分を含む商品もあるようで、お菓子作りが安定しない原因になることも。価格が理由なく安いものは注意しましょう。

はちみつの絞り方と
絞り袋の作り方

オーブンシートで作る小さくて先端のとがった絞り袋で、マドレーヌにはちみつを絞り入れます。オーブンシートを直角二等辺三角形に切ります。底辺の真ん中が先端になるように巻き、巻き終わりを垂直にします。巻き終わりの端を斜めに中に折り込み、とめます。つぶしてたたみ、口の両端を斜めにたたんで折り線をつけておきます。はちみつを中に入れたら口をたたみます。マドレーヌが焼きたての温かいうちに先端を差し込んではちみつを注入します。

7.

干し柿と甘栗入り
メープルフィナンシェ

見た目も、香りや味わいも、まさにフランス菓子で
すが、マドレーヌと同様にとても作りやすいレシピ
です。外側がかりっと香ばしい焼きたては、最初
のお楽しみ。中のしっとり甘い生地を引き立ててく
れます。日をおくと全体がなじんで、コクもしっと
りさも増します。これが二度目のお楽しみ。フラン
スでは1冊まるごとフィナンシェの本があるくら
い人気のお菓子です。中に入れるものは多彩に工
夫できます。これはメープルシロップ入り。バター
とメープルシロップをたっぷりかけたホットケー
キを彷彿とさせる大好きな味です。

Mes Astuces

焼きたてと3日目以降
二度おいしいフィナンシェのポイント

バターをじっくり焦がす

→弱火でスタート。余熱も使って焦げすぎを防ぐ

焦がしバターは香りで判断

→色で判断するのは難しいが、いい香りが立ってきたら OK

生地は必ず休ませる

→バターが凝固して生地全体がまとまる

高温で短時間で、よく焼く

→水分を封じ込めて中はしっとりと、外はかりっと焼くため

Recette

干し柿と甘栗入りメープルフィナンシェ

材料　約8.5×4cmのフィナンシェ型6個分

干し柿　25g
| メープルシロップ　小さじ1
| ブランデー　大さじ1
甘栗　25g
| メープルシロップ　大さじ1
| ブランデー　大さじ½

[生地]
バター　65g
卵白　2個分（約60g）
A | 上白糖（または、てんさい糖）　30g
　 | ブラウンシュガー　20g
B | アーモンドパウダー　40g
　 | 薄力粉　25g
メープルシロップ　大さじ1

[型用]
バター　15〜20g
薄力粉　適量

Processus　作り方の流れ

◎前日
干し柿と甘栗をブランデー漬けにする
↓
焦がしバターを作る
↓
卵白に生地のほかの材料と
焦がしバターを順に混ぜ、休ませる

◎当日
生地、干し柿と甘栗を型に入れる
↓
200℃で12〜15分焼く

1

2

3

4

5

6

7

8

作り方

1 干し柿は約1cm角に切って、甘栗は粗くほぐし、それぞれメープルシロップとブランデーに一晩以上漬ける。

2 焦がしバターを作る。小鍋にバターを入れて弱火にかける。全体がとけたら中火にして、ときどき鍋を回しながら加熱する。徐々に薄茶に色づき、表面が泡だって、鍋底には焦げた粒ができてくる。バターの芳ばしい香りが立ってきたら、すぐに火から下ろして茶こしなどでこす。保温できる場所に置いておく。

3 卵白をボウルに入れて、泡立て器でなるべく空気を入れないようにほぐし、Aを加えて混ぜる。

4 Bを合わせてふるい入れ、泡立て器で全体がなじむように混ぜる。

5 メープルシロップと2の焦がしバターを加える。バターのボウルに焦げた粒が沈んでいたら、そこを残すように加減して加えるといい(入れると焼き上がりに斑点ができやすくなる)。底からしっかり混ぜる。つやが出て、全体が均一になったら、半日以上、できれば1日冷蔵庫で休ませる(2〜3日保存可能)。

6 焼く前に型の準備をする。バターを室温にもどし、充分にやわらかくして、型に指でたっぷりぬる。薄力粉を茶こしを通してふり、余分な粉をはたき落とす。オーブンを200℃に予熱する。

7 ねかせた生地をスプーンとへらで型に落とし、1の干し柿と甘栗を分け入れる。パレットナイフなどを使ってならし、角まで生地が入って表面が平らになるようにする。

8 型を天板に並べて、オーブンに入れ、12〜15分を目安に、全体に焼き色がついて角が焦げる寸前くらいまでよく焼く。焼けたらすぐに型から出して、網の上で粗熱を取る。

＊天板の使い方はp.71も参照してください。

Suggestions

もっと伝えたいフィナンシェのこと

アーモンドパウダーは香料などの入っていない上質なもので

焦がしバターとともにアーモンドの風味も、このお菓子の特徴です。アーモンドパウダーの中には香料を加えた商品も見かけますが、純粋な木の実の香りを楽しみたいお菓子です。

卵白は、保存したものを使うと混ぜやすい

割ってすぐの卵白はコシがあって、ほかの材料が混ざりにくいのです。割ってから冷蔵庫でしばらくおいたものは、コシが切れて混ぜやすくなります。冷凍保存した卵白もフィナンシェ向きです。自然解凍して使います。新しい卵白を使うときは、砂糖を入れてからほんの軽く湯せんして温めると混ぜやすくなります。

マフィンやカップケーキ型でも焼けます

薄くて、カリッと焼ける角のあるフィナンシェ型。なければ、食感が少し変わりますが、マフィン型やアルミのカップケーキ型も利用できます。この場合、生地は少なめに薄く型に入れます。

生地をジッパー付き保存袋で休ませるのもおすすめ

マドレーヌ同様、ジッパー付き保存袋に生地を入れておけば、袋の角を切って、型に絞り入れることができます。

型にバターをぬるときは、ごくやわらかくすれば指でぬれます

指先でまんべんなくぬれば、刷毛を使う手間が省けます。バターがかためだとぬりづらく、むらになりがちなので、暖かいところにおいてごくやわらかくします。

生地は作りおきできます。多めに作ってもいいでしょう

薄く焼くことで、より食べやすくなり、つい数個に手が伸びることも。乾燥に気をつければ常温で保存でき、10日以上おいしく食べられます。もっとたくさん焼きたいときは、レシピを1.5〜2倍にしてください。生地は作りおきもできるので、食べたいときにその都度焼いても。

オーブンの庫内のむらに気をつけましょう

場所によって焼け具合に違いがあったら、一度に取り出さず、よく焼けたものは先に取り出します。一体型の型のときも、焼けたものから型から取り出し、焼き足りないものはオーブンに戻して、しっかり焼き上げてください。p.45も参照してください。

干し柿、甘栗のほかにもアレンジを楽しめます

どちらかお好みを1種類だけ入れてもいいし、ほかのドライフルーツも合います。同様にメープルシロップとブランデーに漬けこみます。何も入れないプレーンもおすすめです。

8.
りんごの型なしタルト

フランスらしいお菓子というと真っ先に思いつくのが、季節のフルーツタルトです。タルト生地が焼き上がり、バターと粉が香ばしくなるころ、生地の上の果物の水分がとんで、酸味も甘みも香りも凝縮され、生地との一体感が出ます。しっかり焼ききったことで生まれるおいしさです。タルトは少しハードルが高いイメージですが、クッキーのように切ったり抜いたりする手間がなく、気軽に焼けるお菓子だと思います。水分が少なめで酸味の強いりんごは、タルト向き。ほかにもいちご、ぶどう、ネクタリンにあんず……旬の果物をのせて楽しみましょう。

Mes Astuces

さくさくの焼きっぱなし
タルトのポイント

型は使わない
→底を天板でじか焼きすることで、香ばしく焼ききる

粉を切るようにざっくり混ぜる
→練ると生地がかたくなる

厚みを均一にのばす
→生地の焦げつきなど焼き上がりのむらがなくなる

ラフな仕上がりでOK
→手早く形作ったほうが生地を傷めず、さっくりと軽く焼ける

Recette
りんごの型なしタルト

材料　直径約22cm 1枚分

[サブレ生地]	[アーモンドクリーム]
バター　75g	バター　25g
粉糖　30g	グラニュー糖　25g
とき卵　½個分（約25g）	アーモンドパウダー　25g
薄力粉＊　140g	とき卵　½個分（約25g）

＊「エクリチュール」を使用。

りんご（紅玉）　1½〜2個

[ナパージュ]
あんずジャム　大さじ3
カルバドス（または、ラム酒。あれば）
　大さじ½
水　大さじ3〜4

＊ナパージュは、とろりとしてゆっくり流れるくらいにします。水の量は、ジャムの濃度によって加減します。

下準備

・バターをそれぞれ室温にもどし、ごくやわらかくしておく。
・30cm幅のラップを50cmほど用意する。

Processus　作り方の流れ

サブレ生地を作って、30分以上休ませる
↓
アーモンドクリームを作る
↓
生地をのばして少し休ませる
↓
ピケした生地にアーモンドクリーム、薄切りのりんごをのせる
↓
180℃のオーブンで約40分焼く
↓
熱いうちにナパージュをぬる

5

6

7

8

作り方

1 サブレ生地を作る。ボウルにやわらかくした
バターと粉糖を入れ、ゴムべらですり混ぜる。
とき卵を加えてさらに混ぜ、均一にする。

2 薄力粉を加えて、ゴムべらで切り混ぜ、とき
どきへらの面で押さえて粉に水分を吸わせる
ようにして、ざっくりとまとめる。

3 粉気がやや残るくらいでしっとりしたら、切
り出したラップにとり、ふわりと包んで手で
丸く形を整える。上からめん棒で直径約15cmの
円形にのばし、冷蔵庫で30分以上休ませる。この
間にアーモンドクリームを作る。やわらかくした
バターをボウルに入れ、残りの材料を加えてゴム
べらでなめらかに混ぜ、冷蔵庫に入れておく。

4 3の生地をのばす。約30cm角のオーブンシー
トの上に置き、包んだラップをかけて、めん
棒が中心を通るように上下に転がしながら、少し
ずつ生地を回してのばし、直径約26cm（厚さ約
3mm）の円形にする（べたつくようなら、その都度
冷凍庫で2～3分冷やす）。冷蔵庫に入れておく。

5 りんごを縦4等分にして、芯を取り、厚さ
4mmほどのくし形の薄切りにする。

6 生地をオーブンシートの上に置き、フォーク
でピケをする。アーモンドクリームを周囲
3cmほど残してぬり広げる。その上にりんごを外
周から少しずつ重ねて並べる。1周並べたらその
内側に並べることをくり返す。

7 生地の縁をりんごにかぶせるように立ち上げ、
ところどころつまむようにしてとめる。生地
につやが出てだれているようだったら、その都度
冷凍庫で数分冷やす。タイミングを見てオーブン
を180℃に予熱する。

8 オーブンシートごと天板にのせ、オーブンに
入れて、40分を目安に焼く。30分ほど焼い
てりんごが焦げそうなときは、アルミフォイルを
かぶせる。縁に焼き色がつき、持ち上げて底にも
焼き色がついていたら焼き上がり。焼いている間
にナパージュの材料を小鍋に入れて火にかけ、と
ろりとしたら、タルトが熱いうちにスプーンで少
しずつ落として広げる。

フレッシュベリーの型なしタルト

季節のさまざまな果物を焼き込んだタルトとは別
に、香ばしく焼いた生地とフレッシュなクリームと
果物とのコンビネーションもタルトの魅力です。

材料　直径約15cm2枚分

「りんごの型なしタルト（p.60）」のサブレ生地
　全量

[フレッシュベリー]
いちご、ラズベリー、ブルーベリーなど合わせて
　約200g（いちごのパック1個分くらい）

[クリーム]
生クリーム　100g
サワークリーム　50g
グラニュー糖　大さじ1

ラズベリージャム　大さじ2〜3

[ナパージュ]
ラズベリージャム　小さじ2
水　大さじ1

＊ナパージュのジャムは、いちごジャムかあんずジャムで
もいいです。
＊作り方2まで仕上げた生地は、冷凍保存することもでき
ます。冷凍のまま焼きます。焼き時間は10分ほど長く
なります。冷凍庫の中で割れないように気をつけてくだ
さい。

作り方

1 サブレ生地を「りんごの型なしタルト」同様に
して作り、2等分してそれぞれ直径約17cm、
厚さ3〜4mmの円形にのばす。のばし方も「りん
ごの型なしタルト」同様。

2 冷凍庫で2〜3分冷やし、オーブンシートの上
で全体にピケをする。周囲1cmほどを折り上
げて、ひだを寄せながら指で内側と外側から押さ
えて整える。ひだは細かくても、粗くてもお好みで。

3 生地につやが出てだれているようだったら、
冷凍庫で数分冷やし、180℃に予熱したオー
ブンで25〜30分を目安に、全体においしそうな焼
き色がつき、底にも焼き色がつくまで焼く。

4 生クリームを軽く泡立て、サワークリーム、グ
ラニュー糖を混ぜる。いちごは食べやすく切
る。ナパージュのジャムがかたければ水を加えて
軽く温め、のばす。

5 生地が完全に冷めたら、ラズベリージャム、4
のクリームをぬり広げて、フレッシュベリー
を盛るように置き、ナパージュをところどころに
かけて、光らせる。

Suggestions

もっと伝えたい型なしタルトのこと

シンプルなタルトも
おすすめです

生地がさくさくの焼きたてを楽しみたいタルト
ですが、アーモンドクリームをぬっておくと果
物から出る水分を吸収してくれるので生地が
しけにくく、3〜4日はおいしく食べられます。
オーブントースターで焦げないように軽く焼き
直すのがおすすめ。焼いたその日に食べきって
しまうなら、アーモンドクリームを省いて、り
んごを直接のせて焼くタルトもおいしいもの。
ナパージュは乾燥を防ぐ役目もあるので、すぐ
食べるなら不要。代わりに粉糖をたっぷりふり
かけてもいいでしょう。

生地とりんごの厚みは、
薄すぎず、厚すぎず

レシピ通り、生地は3mmほどにのばし、りんご
は厚さ4mmほどに切ってください。生地が薄
いと割れやすくなったり、焦げやすくなったり
しますし、生地が厚めでりんごが薄いと、生地
が焼ける前にりんごの皮が焦げはじめることも。
りんごが焦げそうなときは、途中でアルミフォ
イルをかぶせて焦げつきを防ぎ、生地をよく焼
いてください。

生地が角張ったら
角を横にしてのばす

ゆがみの少ない丸い形にのばすコツは、へこ
んだところをのばそうとするのではなく、出っ
張ってしまった角を横において、めん棒を上下
に転がすことです。出っ張りが真横になるよう
生地を少しずつ回して、丸くなるようのばしま
す。オーブンシートの上だとシートごと回せる
ので、やりやすいと思います。また、めん棒は
必ず身体に平行に。縦横斜めに転がさず、生地
のほうを回すとうまくできます。

ひだは、ふぞろいでも
大丈夫。手早く、楽しく

りんごを囲んで生地の縁を立ち上げ、ひだを寄せて固定するときは、縁の生地を内側と外側から指で交互にはさんでひだを作ります。細かくても大きく波打っても、自由にデザインして楽しく作業してください。このときひび割れたり、切れたりしても、生地をきゅっとくっつけるようにして補修すれば大丈夫。大切なのは、生地がだれないよう手早くすること。何度も生地をさわると、手の熱でも生地がだれるので注意しましょう。

よく焼きましょう

焦げすぎては困りますが、このタルトは、焼き足りないよりも、生地のところどころがこんがり焦げるくらいまで焼いたほうがおいしいと思います。生地がさくっとしていないと感じたら、切り分けた後でもいいので、アルミフォイルをかぶせて、高温（200℃）のオーブンかオーブントースターで2〜3分焼き、最後にアルミフォイルをはずして1分ほど香ばしく焼きましょう。

生地もアーモンドクリームも
冷凍できます

サブレ生地は、p.61の作り方3で直径15cmほどにのばしたものを冷凍すれば、冷蔵庫で自然解凍後にのばし直して使えます。または、作り方4の直径約26cmにのばした後に冷凍して、冷蔵庫で自然解凍後にピケするところから作ることもできます。この場合は保存中に割れないように注意します。アーモンドクリームを冷凍したら、室温でやわらかくし、軽く練り直して使います。p.60のレシピは、卵1個で生地もアーモンドクリームも作れますが、生地、クリームともに倍量で、その日のタルトと作りおきを一度に作っても。生地を密封して冷凍すれば約2週間（冷蔵なら2〜3日）保存できます。

9.

フロランタン

「見栄えも味も本格的なのに、実は作ると意外に簡単でうれしい」。お教えするとこんな声をいただくのがこのお菓子。そして、濃厚、ハイカロリーなのに、ついつい手が出るのも不思議。これは、よく焼くことで香ばしく、水分も少なくなっておなかにたまりにくいからでしょう。みんなに好かれるキャラメル味で食べやすく、持ち運びにも向いていて、贈り物にも最適。スティック状や三角形など切り方もいろいろ楽しんでください。そう！焼きたての切り落としは、作った人のごほうび。実はここがいちばんおいしい気がします。

Mes Astuces

キャラメルナッツが濃厚なのに
歯切れよく軽やかなフロランタンのポイント

ラップで包んで生地をのばす

→型なしでも四角くできる。冷蔵庫やオーブンへの移動も楽

キャラメルクリームは
焼く前によく煮つめる

→歯切れよく焼け、サブレ生地の食感に合う

生地の厚さを守り、しっかり焼く

→キャラメルと生地の比率が大事。香ばしさとサクサク感が続く

熱いうちに切る

→キャラメルが固まるとひび割れる。切り落としもおいしい！

Recette

フロランタン

材料 約20cm角1枚分

[サブレ生地]
バター　120g
粉糖　60g
とき卵　½個分（約25g）
薄力粉*　200g
＊「エクリチュール」を使用。

[キャラメルクリーム]
A ｜　バター　40g
　　｜　グラニュー糖　40g
　　｜　はちみつ　大さじ1½
　　｜　生クリーム　大さじ4
スライスアーモンド　80g

下準備

・生地用のバターを室温にもどし、ごくやわらかく
　しておく。
・30cm幅のラップを50cmほど2枚用意する。

Processus　　　作り方の流れ

バターをやわらかくして、
生地の材料を順に混ぜる
↓
ラップで包み、四角くのばして、
30分以上休ませる
↓
ピケした生地を180℃で約15分焼く
↓
キャラメルクリームを作って、
生地にぬる
↓
170℃で20〜25分焼く
↓
熱いうちに切り分ける

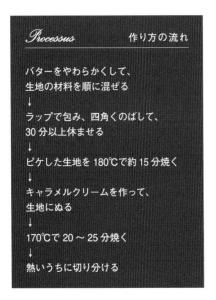

5

6

7

8

作り方

1 サブレ生地を作る。ボウルにやわらかくした バターと粉糖を入れ、ゴムべらですり混ぜる。 とき卵を加えてさらに混ぜ、均一にする。薄力粉 をふるい入れて、ゴムべらで切り混ぜ、ときどきへ らの面で押さえて粉に水分を吸わせるようにして、 ざっくりとまとめる。

2 粉気が見えなくなって、しっとりしたら(完全 にまとまっていなくていい)切り出したラップ 2枚を十文字に重ねたところにとる。

3 約15cm角の正方形になるようにラップを折 りたたんで包み、その中で上からめん棒で正 方形にのばす。気温が高い時季は、ここで一度冷 凍庫に10分ほど入れて冷やす。

4 ラップを開いて、今度は22cm角の正方形に なるように包み直し、めん棒でラップの隅々 まで生地をのばして、均一な厚さの正方形にする。 冷蔵庫で30分以上休ませる。平皿やバットなど を裏返した上にのせると平らなまま冷やしやすい。

5 オーブンを180℃に予熱する。生地のラップ をはがして、オーブンシートを敷いた天板に のせ、全体にフォークで穴を開けてピケをする(天 板の使い方はp.71参照)。オーブンの下段に入れ て、15分を目安に縁に焼き色がつきはじめるまで 焼く。

6 サブレを焼きはじめて10分たったくらいで キャラメルクリームを作りはじめる。鍋に**A** を入れて、ゴムべらで混ぜながら中火にかけ、バ ターがとけてふつふつと沸いてきたらスライス アーモンドを加えてからめる。弱火にして、焦げ つかないよう注意しながら水分がほぼなくなって アーモンドにとろりとからむくらいまで5分ほど 煮つめる。

7 オーブンから取り出したサブレ生地が温かい うちに6を流し(冷めるとクリームがのばしに くく、火の通りも悪くなる)、周囲1cmほどを残し て広げる。

8 オーブンに戻し、170℃に下げて20〜25分を 目安に焼く。全体に濃い焼き色がつき、生地 の縁までこんがりとよく焼けたら取り出して、熱 いうちに端を落とし、16〜20等分に切り分ける。

もうひとつのフロランタン

いろいろナッツと
チョコレートのフロランタン

ヘーゼルナッツ、くるみ、ピスタチオをスライス
アーモンドの代わりに使い、焼き上がったらチョ
コレートを散らします。はじめはチョコレートが
とろり、冷めると全体がサクサクに。

作り方

1 「フロランタン（p.68）」の作り方5まで同様に
して、サブレ生地を焼く。

2 キャラメルクリームのスライスアーモンドの
代わりに半割りにしたヘーゼルナッツ、5〜6
等分にしたくるみ、あれば殻をむいたピスタチオ
を合計約100g使って、同様に作り、生地にのせて
焼く。

3 クーベルチュールチョコレート（ビターがお
すすめ）約30gを粗く刻んでおき、オーブンか
ら出して粗熱を取り、温もりが残るうちに全体に
散らし、切り分ける。

＊ナッツは、ピーナッツ、ピーカンナッツ、ホールのアー
モンドなどでも。
＊バターを有塩にすると、ナッツの風味と甘さと塩気で後
を引く味わいに。お好みで。

Suggestions
もっと伝えたいフロランタンのこと

焼いている途中で
クリームが流れ落ちても
あわてずに

オーブンの中で、とけたキャラメルアーモンド
クリームが生地からこぼれ落ちることがありま
す。焼き時間の途中でパレットナイフなどを
使って生地の上に戻せば大丈夫。ただし、扉を
開けるのは焼きはじめて10分ほどたってから
にしてください。やけどに注意して手早くする
ようにしましょう。

オーブンの庫内には
温度差があります

左右や奥と手前で焼きむらがあるようなら、途
中で天板の向きを入れ替えて、全体をよく焼き
ましょう。オーブンの庫内の場所による温度差
について、P.45 も参照してください。

乾燥剤と一緒に
保存します

さっくりした食感が大切なフロランタン。キャ
ラメルには湿気が大敵。冬場でもシリカゲルな
ど乾燥剤と一緒に密閉して保存しましょう。1
週間ほどはおいしく楽しめます。夏場の暑いと
きは、冷蔵庫で保存。冷たいままのフロランタ
ンもおいしいものです。

～ Colonne ～
天板の裏も上手に利用しましょう

天板の縁の立ち上がりが邪魔になるときがあ
ります。たとえばフロランタンのアーモンド
クリームを途中で生地にのせ直すときも、熱く
なった縁に要注意です。途中で生地を回転さ
せて向きを変えたいときや、間隔を空けて端ま
で並べて焼きたいときなども、裏側を使うのが
おすすめです。下火が強めのオーブンなら、天
板を裏返して使うことで、下火から少し離して
焼くことができます。

10.
クラシックスコーン

イギリスについてのエッセイの本を見て作ったの
が最初です。少しずつ配合を調整してこのレシピ
になりました。生クリームの乳脂肪を加える分、バ
ターは控えめ。生地もまとめやすく、ふわりと焼き
上がります。バターの混ぜ方でも食感が異なり、バ
ターの粒がさらさらになるまで混ぜれば、表面の
きれいなきめの細かいスコーンに、粗めに混ぜる
と、ざっくりと勢いよく焼けます。どちらもおいし
く、毎回違う食感になっても、それが家庭菓子の
いいところ。なんといっても焼きたてが最高！ジャ
ムとホイップクリームを添えて紅茶でどうぞ。

Mes Astuces

外はさっくり、中はふんわりした
スコーンのポイント

バターの粒の大きさで、
生地のきめを調整

→粗いとざっくり、さらさらだときめ細かい生地に

生地はオーブンシートで
折りたたんでまとめる

→練らずに層を作るとよくふくらむ。冷蔵庫に移すのも楽

生地の厚さは必ず2cm以上をキープ

→薄いとふくらみにくく、ボリュームが出ない

焼き時間を守り、
オーブンの温度で調整する

→表示温度を当てにせず、高温で一気に焼いて中の水分を保つ

Recette
クラシックスコーン

材料　直径約5.5cm 5個分

A ｜ 強力粉または、準強力粉＊　150g
　 ｜ ベーキングパウダー　小さじ2
　 ｜ きび砂糖　25g

バター　20g
卵　1個（約50g）
生クリーム　50mℓ
牛乳　大さじ1〜2
＊「リスドオル」を使用。

下準備

・バターは、約2cm角に切り、冷蔵庫で冷やして
　おく。
・型で抜くときは、直径6cmのセルクル、または縁
　が薄いグラスや缶を用意する。
・約30cm角のオーブンシートを用意する。

Processus　　作り方の流れ

バターを2cm角に切って冷やす
↓
粉と砂糖の中でバターをすりつぶす
↓
卵、生クリーム、牛乳を順に混ぜる
↓
生地を折りながらまとめる
↓
めん棒でのばして、型で抜く
（または、切る）
↓
冷凍庫で20分、冷蔵庫で
1時間以上休ませる
↓
200℃で約15分焼く

1

2

3

4

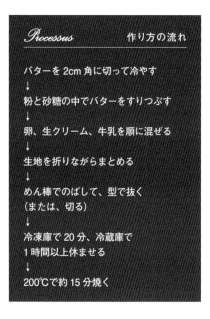

5

6

7

8

1 ボウルにAを入れ、泡立て器で混ぜる。冷たいバターを入れ、カードを使って粉の中でバターを刻む。

2 バターがある程度細かくなったら、<u>両手の指先でバターの粒をすりつぶして</u>、全体がさらさらになり、手で粉を握るとその部分がしっとりとまとまってすぐにくずれるくらいにする。

3 といた卵の半量、生クリームを入れ、牛乳大さじ1も加えてカードで切り混ぜる。粉がかたまりになったところを刻むようにして均一にしていく。粉が多くて混ざらないところがあったら、そこに残りの牛乳を落とす。

4 <u>粉気がなくなってきたら、ぼろぼろしているくらいでオーブンシートの上にあける。</u>

5 <u>生地をオーブンシートの上で四角くまとめ、紙を使って半分に折る。</u>粉気が残ったり、生地がまとまらなければ、再度少し平らにのばし、<u>向きを変えて折ることをくり返す。</u>

6 手で生地をある程度平らにしてから、<u>めん棒で厚さ2cmにのばす。</u>生地がべたついたら、もう1枚オーブンシートをかぶせて、上からのばすといい。<u>このとき目分量でなく定規で確認して、薄くしすぎていたら、もう一度生地を折って、のばし直す。</u>

7 ここで生地がだれていたら冷蔵庫で少し冷やしてから、セルクルなどで抜く。残った生地は折りたたんで2cm厚さにのばし、再度抜く。できれば冷凍庫で20分、または冷蔵庫で1時間以上休ませると、形がきれいに焼ける。

8 オーブンを200℃に予熱する。天板にオーブンシートを敷き、7の生地を間隔を空けて並べ、上部に残りのとき卵を指でぬって、オーブンに入れ、<u>15分を目安に焼く</u>(天板の使い方はp.71参照)。充分にふくらんで、表面にところどころおいしそうな焼き色がついたら焼き上がり。

レモンクリームスコーン

バターなしの配合で、中の生地がよりふわりとします。生地がべたつかないように、生クリームは様子を見ながら加えてください。レモンは、酸でベーキングパウダーがより働くことも期待しています。

材料　約4.5cm角6〜8個分

A｜薄力粉*（または、中力粉）　200g
　｜ベーキングパウダー　小さじ1½
　｜きび砂糖　大さじ1½
B｜レモンのしぼり汁　小さじ2
　｜レモンの皮のすりおろし　¼〜½個分
生クリーム　200mℓ
　（大さじ3ほど取り分けておく）
*「エクリチュール」を使用。

下準備

・約30cm角のオーブンシートを2枚用意する。
・オーブンを190℃に予熱する。

作り方

1 ボウルにAを入れ、泡立て器で混ぜる。Bを入れ、生クリームを大さじ3ほど残して加え、カードを使って切り混ぜる。粉がかたまりになったところを刻むようにして均一にしていく。粉が多くて混ざらないところがあったら、そこに残りの生クリームを落とす。粉気がなくなってきたら、ぼろぼろしているくらいでオーブンシートの上にあける。

2 生地をオーブンシートの上で四角くまとめ、紙を使って半分に折る。生地を少し平らにして、向きを変えてまた折ることをくり返して生地をまとめる。

3 手で生地をある程度平らにしてから、もう1枚オーブンシートをかぶせ、上からめん棒で厚さ2cmにのばす。このとき目分量でなく定規で確認する。

4 生地を6〜8等分に切り、オーブンシートの上でずらして間隔を空ける。オーブンシートごと天板に移し、オーブンに入れて、15〜20分を目安に、充分にふくらんで、表面にところどころおいしそうな焼き色がつくまで焼く。

Suggestions

もっと伝えたいスコーンのこと

加える水分量は、
粉の種類や状態で変わります

生地をまとめるときにべたつくようなら打ち粉をしてください。ただし、打ち粉は少ないほうが焼き上がりがよくなります。使う粉の種類や保存状態、季節によっても水分量はかなり変わりますので、「クラシックスコーン」なら牛乳半量「レモンクリームスコーン」なら生クリーム大さじ3を残して混ぜ、粉が多く残っているところに様子を見ながら残りを足すようにします。

四角く切るほうが
ふくらみやすくなります

生地を四角くのばしてナイフで等分に切れば、抜き型は不要。切り口は、鋭利なもので切ったほうがよくふくらみます。抜くならセルクルが向くのはこのためです。厚手のコップなどを使うとふくらみがやや悪くなるかもしれません。また切り口は、できるだけさわらず、上部にぬるとき卵も切り口にかからないようにしましょう。

スコーンでおやつ
あつあつのコブラー

スコーンのフルーツに接した部分がしっとりと独特の食感に焼けます。一口大にしたバナナ2本、キーウィフルーツ½個にグラニュー糖大さじ3、コーンスターチ大さじ½をまぶします。スコーンの生地（P.74、または p.77）の半量を厚さ約1cmに薄めにのばし、型抜きしてのせ、200℃のオーブンで約15分、焼き色がつくまで焼きます。フルーツは、ベリー類、フルーツ缶などでも。

朝食用には、前の晩に
生地を作っておきましょう

スコーンはぜひ焼きたてを。朝食に食べたくても忙しい朝に生地作りは無理、とあきらめないでください。p.75の作り方7、またはp.77の作り方5までを前の晩にすませて冷蔵庫に入れておけば、朝は15分焼くだけです。生地はやわらかいのでバットなど平らなものにのせて、匂い移りがしないように密封するのを忘れずに。

ベーキングパウダーは、
なるべく新しいものを

炭酸ガスの力で生地が縦方向にふくらむのを助けてくれるのが、ベーキングパウダー。鮮度などないように思いがちですが、開封後はふくらませる力が劣化します。スコーンのふくらみが悪いと感じたら、ベーキングパウダーにも原因があるかもしれません。

贈り物には温め直し方の
メモも添えて

焼きたてが最高ですが、贈るときは完全に冷めたものを密封して包みます。温め直しは、軽く霧を吹いてからオーブントースターか高温（200℃くらい）のオーブンで5分ほど焼きます。保存の目安は2〜3日です。

ジャムとホイップクリームが
おすすめです

イギリスではクロテッドクリームとジャムがつきものですが、普段はより手に入りやすい生クリームを泡立てて添えています。クロテッドクリームは乳脂肪分が高いコクのあるクリームなので、生クリームも乳脂肪分が高いほうが合うと思います。ジャムはお好みで。

フードプロセッサーを
使っても作れます

粉類とバターを合わせてフードプロセッサーで攪拌し、そのあと水分を加えて生地が均一になる程度に攪拌すれば、後は同様にして作れます。バターを指先でつぶすのが苦手ならフードプロセッサーの利用もおすすめですが、バターの量が多くないので、ボウル一つのほうが洗い物は楽なように思います。

若山曜子（わかやま・ようこ）

料理・菓子研究家。東京外国語大学フランス語学科卒業後、パリへ留学。ル・コルドン・ブルー パリ、エコール・フェランディを経て、フランス国家調理師資格（CAP）を取得し、パリのパティスリーやレストランで経験を積む。帰国後は雑誌、書籍、TVのほか、企業のレシピ開発、料理・菓子教室主宰、SNSでの発信など幅広く活躍中。生み出すレシピは、作りやすくて楽しみながら確実においしくできる、と人気がますます広がっている。著書に『レトロスイーツ』『パウンド型で作るテリーヌ』（共に文化出版局）、『ジンジャースイーツ』（立東舎）、『フライパンパスタ』（主婦と生活社）など多数。

おいしい理由がつまってる
わたしの好きな10のお菓子

2021年3月21日　第1刷発行
2021年5月14日　第2刷発行

著　者　若山曜子
発行者　濱田勝宏
発行所　学校法人文化学園 文化出版局
　　　　〒151-8524　東京都渋谷区代々木3-22-1
　　　　電話　03-3299-2565（編集）
　　　　　　　03-3299-2540（営業）
印刷所　凸版印刷株式会社
製本所　大口製本印刷株式会社

文化出版局のホームページ
http://books.bunka.ac.jp/

［協力］
TOMIZ（富澤商店）
オンラインショップ https://tomiz.com/
電話 042-776-6488

［STAFF］
デザイン　福間優子
撮影　木村 拓（東京料理写真）
スタイリング　佐々木カナコ
調理アシスタント　栗田早苗
　　　　　　　　　寺脇茉林
　　　　　　　　　細井美波
校閲　田中美穂
編集　水奈
　　　浅井香織（文化出版局）